AF316332

RÉPONSE

DE M. L'ARCHEVÊQUE DE NARBONNE

A la demande du Don - Gratuit & de la Capitation, faite par MM. les Commissaires du Roi aux Etats - Généraux de la Province de Languedoc, le 12 Décembre 1786.

MONSIEUR, (1)

POURQUOI faut-il que nous foyons encore forcés de mêler des larmes aux tranfports d'allégreffe qui ont toujours accompagné le tribut volontaire que nous offrons à notre Souverain ?

---

(1) Monfieur le Comte de Périgord, Commiffaire-Principal.

Le Languedoc n'eſt plus ce pays opulent qui s'enrichiſſoit des beſoins de ſes voiſins, & qui répandoit avec profuſion, dans les contrées les plus éloignées, le ſuperflu de ſes productions. Nous ſommes devenus ſucceſſivement tributaires des intemperies les plus oppoſées.

La récolte de cette année offroit les plus riches apparences ; une végétation vive & abondante promettoit au Cultivateur la plus ample récompenſe de ſes travaux, lorſque des orages redoublés ſont venus dévaſter nos plaines les plus fertiles (2) ; tandis que celles, que leur éloignement des montagnes avoit ſouſtraites à ce premier fléau, ont vu dépérir leurs eſpérances par le poiſon lent d'une ſéchereſſe dévorante. Où va donc ſe perdre la différence de pluſieurs millions qu'entraîne néceſſairement celle d'une bonne à une mauvaiſe récolte ? Ne nous le diſſimulons point, Meſſieurs, dans le ſein de la miſere & des larmes.

---

(2) Il y a eu dans les quinze premiers jours du mois de Juin de cette année, deux orages par jour dans tout le pays bordé par les Pyrenées ; & dans la plus grande partie du Bas-Languedoc, il n'a pas tombé une goutte de pluie depuis le commencement de Mai juſques après la récolte.

Sujets auſſi ſoumis que fideles , nous ſavons que ce n'eſt point à nous à interroger la ſageſſe de notre Souverain ; que les néceſſités de l'Etat, la ſplendeur du Trône emportent de notre part le ſacrifice d'une partie de nos biens ; mais pleins de confiance dans ſa juſtice & dans ſon humanité, nous oſons lui repréſenter que les impôts , qui ceſſent d'être proportionnés aux facultés des Contri-buables , deviennent un ſecours meurtrier pour l'Etat qui les leve ; que ne point abandonner à la culture la portion ſacrée de bénéfice qui lui eſt néceſſaire pour ſe reproduire , c'eſt ſacrifier au beſoin du moment, les reſſources d'un avenir plus heureux ; c'eſt étouffer le germe avant même qu'il ne ſoit développé.

Rien ſans doute ne pourra ralentir le dévouement & le zèle dont nous ſommes animés. Nous aimons à nous conſidérer comme formant, dans le ſein de la patrie commune , une ſeconde patrie , mais dont l'adminiſtration , les vues , les principes ont en eux-mêmes aſſez d'efficacité , aſſez d'énergie , pour concourir , avec les autres parties de l'Etat , au bien général du Royaume, ſans nous ôter la facilité de pourvoir au bien intérieur & particulier de nos

Concitoyens. Nous refpectons, nous chériffons les liens qui nous font communs avec tous les Sujets du Prince qui nous gouverne ; mais nous fommes attachés au bonheur de cette Province par tout ce que la nature , la raifon & l'intérêt peuvent offrir aux hommes de plus preffant & de plus cher.

CHACUN de ceux qui compofent cette augufte Affemblée, fort de la Claffe plus ou moins diftinguée que la Providence lui a affignée dans l'ordre des Citoyens, pour fe revêtir, en y entrant, du carac-tere, j'ofe prefque dire facré, de repréfentant de la Nation. Les nuances des conditions diverfes, quelqu'élevées qu'elles puiffent être , viennent toutes ici fe fondre dans celle qui doit les dominer toutes. C'eft à ce titre que nous entendons la volonté de notre Souverain par l'organe de fes Commiffaires ; c'eft à ce titre qu'il ne dédaigne pas de contracter avec nous l'engagement folemnel de ne permettre aucune levée de deniers dans cette Province fans le libre confentement de fes repréfentants ; c'eft à ce titre que nous formons nous-mêmes des engagements dont la nature foli-daire nous donne & intérêt & droit de furveiller toutes les Adminiftrations particulieres. Cette ſollicitude ne nous offre rien que de conſolant. Chaque Claſſe concourt à l'envi à l'accompliſſement des obligations qui lui ſont propres ; & de ce concours heureux naît dans toute la Province, une émulation d'autant plus noble , qu'elle a pour principe le déſir de plaire à un Souverain qu'on aime , & pour effet, la répartition des impôts la plus égale. Ainſi ſe nourrit, ainſi ſe perpétue cette harmonie précieuſe entre le Maître & les Sujets, entre le Pere & les Enfants, germe le plus fécond de la proſpérité des Empires : ainſi vous attacherez de plus en plus, Meſſieurs, les Peuples de cette Province à une forme d'Adminiſtration auſſi reſpectable par ſon antiquité , qu'intéreſſante par ſes effets.

Il eſt donné à peu d'hommes de porter des regards également profonds ſur toutes les branches de l'Adminiſtration. Les connoiſſances variées qu'elles exigent, ne peuvent être que le fruit d'efforts combinés , de recherches réunies ; il n'appartient qu'à cette Aſſemblée de ſaiſir l'enſemble de toutes ſes parties. C'eſt ſous ſes yeux & par ſon impreſſion, que les projets, les découvertes, les ſyſtêmes mêmes des particuliers , peuvent & doivent ſe

généralifer, fe plier à l'utilité commune de la Province. A elle feule eft réfervé d'étendre ou de refferrer les vues particulieres, de tourner en force
ce qui tendroit à la hardieffe, de développer en
grand ce que des moyens trop timides n'ont ofé
appercevoir qu'en petit ; & telle eft la fageffe de
nos inftitutions primitives, que c'eft toujours au
Corps entier lui-même qu'appartient la gloire
d'avoir bien mérité de la chofe publique : elles ont
voulu qu'aucune réfolution commune ne pût jamais
prendre le caractere, la teinte d'aucun des ordres
particuliers dont la réunion forme cette Affemblée.
Ainfi, ce n'eft ni à l'ordre de la Nobleffe, ni à
l'ordre de l'Eglife, ni à celui du Tiers-Etat, que
doit être attribué le mérite de ces Délibérations
patriotiques, qui ont fi fouvent fervi de fignal au
refte de la Nation ; elles font l'ouvrage de la Province entière ; elles font l'expreffion fidelle des
fentiments d'un grand Peuple, manifeftés par fes
repréfentants.

La fréquence de nos affemblées nous permet de
nous enrichir des lumieres de tous les tems. Nos
maximes font le réfultat de l'expérience de plufieurs
fiecles ; elles nous attachent, fans fuperftition,

à ce que nos peres nous ont tranſmis d'utile ,
& elles nous garantiſſent également de cet enthou-
ſiaſme dangereux, qui ſaiſit avec avidité tout ce
qui a le charme de la nouveauté. Leur ſuite &
leur correſpondance ont formé cette chaîne de
principes, dont la liaiſon & la ſtabilité nous donnent
la force ſalutaire de lutter contre la mobilité des
événements & contre la fluctuation des opinions.
Les différents ſyſtêmes économiques qui ont paru
de nos jours, nous ont éclairés ſans nous aſſervir.
La recherche , la pourſuite du bien inſpirent ſans
doute de la conſtance , jamais de fanatiſme, & loin
de nous tout zèle ſectaire qui tendroit à iſoler les
hommes , ſous prétexte de les inſtruire.

DE quel éclat, ainſi ordonnée dans ſon intérieur ,
cette Province ne brillera-t-elle pas parmi les grands
corps de la Monarchie ! Elle n'a beſoin, pour
recouvrer tout ſon luſtre , que de n'être point
contrariée dans ſes moyens.

FÉLICITONS-NOUS , Meſſieurs , d'avoir un Roi
qui , environné des beſoins multipliés de l'Etat, a
honorablement penſé que le premier & le plus
preſſant de tous , étoit de tenir religieuſement la

parole qu'il a donnée à fon Peuple. Ses goûts fages & modérés , la noble fimplicité de fon caractere , fa touchante fenfibilité dans les malheurs particuliers (4) , fa tendre inquiétude dans les infortunes publiques (5) , tout nous répond qu'il ne cherchera à remplacer le vuide , que va occafionner dans fes finances la ceffation du troifieme Vingtieme , que par des moyens affortis aux fentiments d'équité & de générofité dont fon ame eft ornée. Sa bienfaifance éclairée vient d'ouvrir un vafte & nouveau champ à l'induftrieufe activité de fes Sujets. Deux Nations, faites pour s'eftimer & s'aimer , entretenoient depuis long-temps une rivalité que rien ne pouvoit éteindre ; c'eft dans les horreurs mêmes de la guerre que les premiers germes de rapprochement fe font fait appercevoir. Lorfque deux Peuples magnanimes fe reconnoiffent réciproquement pour ennemis généreux & humains , la paix trouve moins d'obftacles à refferrer des liaifons que l'eftime mutuelle a fait naître ; & c'eft l'heureufe difpofition qui fe fait fentir à chaque ligne du nouveau traité avec l'Angleterre.

---

(4) Au funefte accident de M. le Marquis de Tourzel.

(5) Le Roi a réglé lui-même la diftribution des largeffes qu'il a fait répandre dans toutes les Provinces de fon Royaume , après la grande féchereffe de 1784.

QUELQUES ſpéculateurs inquiets éleveront peut-
être des doutes ſur la réalité des avantages qu'il
paroît préſenter ; nous y en appercevons un d'un
ordre ſupérieur, celui de l'humanité entière ; il
réſultera néceſſairement de la communication des
connoiſſances , & de la diffuſion des lumieres ; &
quant à l'intérêt commercial , n'eſt-il pas démontré
que le pays le plus favoriſé par la nature , fera
pencher à la longue la balance en ſa faveur ? Le
ſeul article des vins , que dans des années d'abon-
dance nous ſommes forcés , dans cette Province ,
de regarder comme un préſent funeſte , ne peut-il
pas devenir la matiere inépuiſable des ſpéculations
les plus utiles & les plus lucratives ? Déjà la ſage
prévoyance de cette Aſſemblée a préparé les moyens
faciles d'extraction. Ayons donc le courage d'étendre
la ſphere de nos entrepriſes : écartons-nous , mais
ſans précipitation & ſans ſecouſſes , des ſentiers
trop battus du commerce timide de Commiſſion ;
& n'enviſageons dans la concurrence d'une Nation
active & expérimentée , que des motifs & des
moyens nouveaux de perfectionner les arts qui nous
ſont communs avec elle.

PUISSE la nature , moins avare de ſes dons ,

seconder les bienfaits du Gouvernement sous lequel nous avons le bonheur de vivre , & nous rapprocher de la situation heureuse où tendent nos vœux & nos efforts, celle de concourir au bien général de l'Etat par la félicité particuliere des Habitants de cette Province !

A MONTPELLIER,

De l'Imprimerie de JEAN MARTEL AINÉ, Imprimeur Ordinaire du Roi & de Nosseigneurs des Etats-Généraux de la Province de Languedoc. 1787.

* 9 7 8 2 0 1 9 3 1 2 2 4 4 *